TARSIS
ET
ZELIE,
TRAGEDIE
REPRÉSENTÉE, POUR LA PRÉMIERE FOIS,
PAR L'ACADEMIE ROYALE
DE MUSIQUE;
Le Mardy, dix-neuviéme jour d'Octobre 1728.

DE L'IMPRIMERIE
De JEAN-BAPTISTE-CHRISTOPHE BALLARD,
Seul Imprimeur du Roy, & de l'Academie Royale de Musique.

M. DCCXXVIII.
AVEC PRIVILEGE DU ROY.
LE PRIX EST DE XXX. SOLS.

ACTEURS DU PROLOGUE.

Le Chef des GENIES mal-faisants, M^r. Dun.
Le Chef des GENIES bien-faisants, Mlle. Hermanse.
Suite des GENIES mal-faisants.
Troupe de Jeux & de Plaisirs, Suite des GENIES bien-faisants.

ACTEURS ET ACTRICES
de tous les Chœurs du Prologue & de la Tragedie.

CÔTÉ DU ROY.		CÔTÉ DE LA REINE.	
Mesdemoiselles	*Messieurs*	*Mesdemoiselles*	*Messieurs*
Souris-L.	Dun pere.	Antier-C.	Le Myre-L.
Julie.	Bremond.	La Roche.	Morand.
Dun.	Flamand.	Tettelette.	S. Martin.
Souris-C.	Levasseur.	Charlard.	Bertin.
Dutilly.	Deshais.	Petitpas.	Rebours.
De Kerkoffen.	Buseau.	Cartou.	Dautrep.
	Duplessis.		Corail.
	Dubrieul.		Duchesne.
	Combeau.		Houbeau.

DIVERTISSEMENT
du Prologue.

MAUVAIS GENIES;

Monsieur Maltair-C.;

Messieurs Dangeville, Javillier, Savar, Dumay, Hamoche, Maltair-L.

JEUX ET PLAISIRS;

Monsieur D-Dumoulin.;

Messieurs P-Dumoulin, F-Dumoulin, Dumoulin-L., Tabary;

Mademoiselle Sallé;

Mesdemoiselles Tybert, Duroché, Verdun, Lemaire.

OPERA *représentez cette Année.*

ROLAND, ORION, BELLEROPHON, HYPERMNESTRE, LA PRINCESSE D'ELIDE, LES AMOURS DE PROTHÉE, TARSIS ET ZELIE.

On les trouve-tous en Paroles, & en Musique, de même que les précedents, suivant le Catalogue Cronologique.

PROLOGUE.

Le Theâtre représente un Lieu desert, aride, plein de rochers, & peu éclairé.

SCENE PREMIERE.

LE GENIE *mal-faisant*, & sa Suite.

LE GENIE.

UN puissant ennemy trop long-tems nous surmonte:
Quoy! rendra-t-il toûjours ces climats fortunez?
A le voir triompher, & nous, couverts de honte,
Le Sort, l'injuste Sort nous a-t-il condamnez?

La Paix, sur un trophée élevé par la gloire,
Verra-t-elle toûjours nos efforts impuissans?
Quelle douleur pour nous! l'orgueilleuse Victoire
A ses pieds, brûle de l'encens.

PROLOGUE.

Mais, c'est vainement qu'elle étale
Les dons qu'elle fait aux Mortels;
Tremble audacieuse Rivale,
Nous allons briser tes Autels.

Ravageons cette heureuse terre,
Faisons regner par tout, le trouble & la terreur;
Que les Eclairs, que le Tonnerre,
Annoncent la noire fureur
Que nous portons au fond du cœur.

LE CHOEUR.

Faisons regner par tout, &c.

LE GENIE.

Ces transports, pour moy plein d'attraits,
Font renaître mon esperance;
Je joüis du plaisir, que donne la vengeance
Avant que de lancer mes traits.

CHOEUR.

Que l'esclavage
Soit le partage
Des cœurs jaloux,
Qui s'arment contre nous:
Que le ravage,
Que le carnage,
De leurs regrets,
Nous presentent l'image;
Lançons nos traits,
Sur qui nous outrage.

PROLOGUE.

Une grande lumiere se répand sur le Theâtre.
LE GENIE.
Mais, quel trait perçant de lumiere,
Eclaire ces sauvages lieux ?
C'est l'objet de nôtre colere,
Qui, pour nous insulter, s'offre encor à nos yeux.

SCENE II.

LE GENIE Protecteur, sur un nuage brillant, & les Acteurs de la Scene précédente.

LE GENIE Protecteur.
C'Est vainement que l'on conspire
Contre l'éclat de cet Empire,
Il est au-dessus des revers ;
Le Destin veut qu'il dure, autant que l'Univers.

Vous, qui voulez que tout gemisse,
Perfides Ennemis de l'ordre & de la paix,
Vôtre propre fureur sera vôtre supplice ;
Fuyez de ces lieux pour jamais.

CHOEUR des GENIES mal-faisants.
Ah ! nôtre resistance est vaine,
Nous sommes enchaînez, par d'invisibles fers.
Leur funeste poids nous entraîne.
Nous tombons au fond des enfers.

Tous les Genies mal-faisants s'abîment.

PROLOGUE.

LE GENIE Protecteur.

Que tout respire l'allegresse;
Disparoissez, Objets affreux.
Séjour d'horreur & de tristesse,
Devenez un séjour heureux.

Le Theâtre change & devient brillant & magnifique.

LE GENIE.

Venez, Plaisirs, dans ces retraites;
Venez Jeux innocens, volez tendres Amours;
Le Ciel veut qu'icy tous les jours
Soient marquez, par autant de fêtes.
Venez, Plaisirs, &c.

Les Jeux, les Plaisirs, & les Amours, viennent de toutes parts.

LE GENIE.

Célébrez un Heros que le Ciel a fait naître,
Pour rendre l'Univers, de son bonheur jaloux;
Quel Concert peut être plus doux,
Pour les Sujets & pour le Maître!

Une Personne de la fête, alternativement avec le Chœur.

SEULE.

Suivez, Amants,
Le Dieu qui vous appelle;
Que, dans vos chants,
Sa gloire se revelle.

CHOEUR.

PROLOGUE.

CHOEUR.
Suivez, Amants,
Le Dieu qui vous appelle;
Que, dans vos chants,
Sa gloire se revelle.

SEULE.
Desirs naissans,
Douceur toûjours nouvelle,
Plaisirs touchants
Payeront vôtre zele.

CHOEUR.
Suivez, Amants, &c.

SEULE.
Pour tout encens
Offrez un cœur fidelle,
Des feux constans,
Une ardeur éternelle.

CHOEUR.
Suivez, Amants, &c.

GRAND CHOEUR.
Chantons-tous cet heureux vainqueur,
Goûtons dans ces beaux lieux le fruit de sa victoire;
Célébrons ses bien-faits, & que nôtre bonheur
Dure autant que sa gloire.

FIN DU PROLOGUE.

ACTEURS
DE LA TRAGEDIE.

ALPIDE, proclamé Roy,   Mr. Chaſſé.

AZELIE, Princeſſe Theſſalienne, Mlle. Antier.

ARELISE, deſcenduë des anciens Roys de Theſſalie,   Mlle. Peliſſier.

TARSIS, du ſang de PENE'E,   Mr. Tribou.

LE FLEUVE PENE'E,   Mr. Dun.

ARTHEMIS, ou la SYBILLE Delphique,   Mlle. Hermanſe.

CLEONE, Daphnide,   Mlle. Petitpas.

Troupe de Peuples de Theſſalie.

UNE THESSALIENNE, Mlle. Hermanſe.

Habitans des Rivages du PENE'E.

Une Habitante des Rivages.   Mlle. Mignier.

Suite de la SYBILLE.

BERGERS ET BERGERES.

UNE BERGERE,   Mlle. Mignier.

La Scène eſt en Theſſalie, dans la fameuſe Vallée de Tempé.

DIVERTISSEMENT
de la Tragedie.

PREMIER ACTE.

THESSALIENS, THESSALIENNES;

Monsieur Laval;

Messieurs Savar, Tabary, Dumay, Javilliers, Hamoche;

Mademoiselle Delisle;

Mesdemoiselles Lamartiniere, Binet, Boisselet, Petit, Duval.

SECOND ACTE.

HABITANS DES RIVES DU PENE'E;

Monsieur Blondy;

Messieurs Laval, Maltair-C,

Messieurs F-Dumoulin, P-Dumoulin, Dangeville, Maltair-L;

Mademoiselle Camargo;

Mesdemoiselles Duroché, Tybert, Lamartiniere, Binet.

TROISIE'ME ACTE.
SUITE DE LA SYBILLE DELPHIQUE;

Mademoiselle Prevost;

Mesdemoiselles Camargo, Sallé, Delisle, Tybert, Duroché, Binet, Lamartiniere, Lemaire, Verdun.

QUATRIE'ME ACTE.
BERGERS ET BERGERES HEROIQUES;

Monsieur F-Dumoulin.

Monsieur D-Dumoulin, Mademoiselle Prevost.

Messieurs Pierret, Tabary, Bontemps, Javilliers.

Mesdemoiselles Duroché, Tybert, Lamartiniere, Boisselet.

AU MONT-PARNASSE,
Ruë Saint Jean de Beauvais ;

ON vend la Musique de TARSIS & ZELIE, Part. in-4°. 13. l. 10. f.
  Les OPERA précedents de la même forme, sont de douze liv.
chacun, Tels sont ceux d'ORION, d'HYPERMNESTRE, de LA
  PRINCESSE D'ELIDE, & des AMOURS de PROTÉE.
Ceux de *Lully*, & autres, de la forme in-folio, à l'exception
  des rares, sont chacun, de 20. liv. Tels sont ROLAND &
  BELLEROPHON.
Le *Catalogue cronologique*, depuis l'établissement de l'Academie, en fournit un *Détail exact*. On le vend   12. f.
On ne vend chaque Livre des *Paroles* in-quarto, que   30. f.
Et le Recueil general in-douze, qui a actuellement
  onze *Volumes*, qu'à raison de 50. f. le Volume,   27. l. 10. f.
Il y a d'autres AMUSEMENTS de Musique *In-douze*.
  qui sont les *Parodies*, les *Brunettes*, les *Tendresses Bachi-
  ques*, la *Clef des Chansonniers*, les *Rondes*, les *Menuets* ;
  le tout au nombre de *quatorze Volumes* propres à chan-
  ter & à joüer, à 50. f. le Volume,   35. l.
Les MESLANGES de Musique Latine, Françoise & Italienne ;
  Quatre Années, à huit livres piece,   32. l.
  Chaque Saison de l'Année,   2. l.
Les *trente Années* de *Mois* qui ont précedé ce Recueil,
  à l'exception des rares, chaqueVolume.   8. l.
Les METHODES, de *l'Affilard*, de *la Musique Theorique
  & Pratique*, des Principes de Flutes d'*Hottere*, à 50. f. piece, 7. l. 10. f.
Les *Principes par D. & R.* & les trois *Methodes* de Plain-Chant. 4. l.
Le *Dictionnaire* de Musique de *Brossard*.   9. l.
Le *Traité de l'Harmonie*, Volume in-quarto de *Rameau*,   12. l.
  On trouve à la fin, un Memoire des autres Traitez, & de toutes les
Methodes concernant la Musique.
—Son nouveau *Systême de Musique*,   3. l.
—Ses Pieces de CLAVECIN, celles de *Marchand*,
  & celles de *differents Auteurs*, à 40. sols, chaque Livre, 8. l.
Celles de *d'Anglebert*,   10. l.
Les deux Livres de CANTATES de *Morin* & la Chasse,   15. l.
Toutes celles de *Clerambault*,   50. l. 10. f.
Celles de *Batistin*, quatre Volumes,   25. l.
Celles de *Gervais*, Volume In-folio,   5. l.
Celles de *differents Auteurs*, Six, Volume In-folio,   15. l.
                Trois, Volume In-quarto,   3. l.
Celles de *Campra*, deux Volumes,   10. l.
Ses MOTETS; ceux de *Brossard, Morin, Lochon, Valette,
  Bournonville, Astier & Suffret*, In-fol. à 5. l. chaque Vol. 60. l.

Trois Livres *de différents Auteurs Italiens*; le dernier nouveau, à deux livres dix fols, 7. l. 10. f.
Les neuf Leçons de Tenebres de *Brossard*, de même forme, 5. l.
Celles de *Nivers*, In-octavo, 1. l. 5. f.
Ou, In-quarto avec les *Passions*, de sa Composition, 7. l. 10. f.
Les *Cantates* de Mlle de *Laguerre*, sur des sujets de l'Ecriture. 10. l.
Esther, les *Stances Chrétiennes*, & les *Cantiques de Collassé*, in-4°. 15. l.
Les MESSES *en Musique*, à 4. 5. & 6. Parties, à l'usage des Cathedrales, sur le pied de *dix sols la Partie*.
On vient de réimprimer d'Auxcousteaux, *Secondi Toni*; de Cosset, *Gaudeamus*; de d'Helfer, *pro Defunctis*, & *Delitiæ Regum*.
On réimprime *Gaudete in Domino semper*, de Mignon.
On vend les *Pieces* d'ORGUE de *Boivin*, ses deux Livres. 30. l.
    Le dernier Livre, separément. 10. l.
Celles de *Grigny*, & de *Corette*, chacune 5. l.
On vend aussi les *Ouvertures* des Opera de *Lully*, Parodiées & imprimées in-folio, sans retourne, pour être propres à joüer & à chanter, 4. l.
Les *Charmes de l'Harmonie*, In-folio, 7. l. 10. f.
Les *Mille-&-un-Air*, ou *Potpoury*, quatre Volumes en un, 6. l.
Les *Concerts Parodiques* sur les plus beaux Airs de *Lully*, Lambert, le Camus, & autres celebres Auteurs, & les Madrigaux de *la Sabliere*, 6. l.
Le Recueil de neuf DIVERTISSEMENTS differents, qui sont, Le *Pourceaugnac*, *Carisélly*, *Le Professeur de Folie*, *La Serenade Venitienne*, *La Veuve Coquette*, *La Critique des Festes de Thalie*, *La Provençale*, *L'Hymenée Royale*, *Les Bergers de Surenne*, Volume in-quarto, 20. l.
Le *Retour des Dieux*, nouveau Divertissement. 3. l.
Le Recueil des *Airs* de vingt differentes *Comedies* des deux Theâtres, Volume in-quarto, 20. l.
Il y a encore un Recueil d'*Airs Italiens*, *choisis*, contenant cinq differents Livres, Volume in-quarto, 20. l.
L'Amour aveuglé par la Folie, CANTATE, In-folio. 24. f.
    On vient d'en donner encor deux nouvelles, sous le titre des *Amants heureux & malheureux*, de 48. f.
Les Duo CHOISIS pour la *Flute* & le *Hautbois*, in quarto. 73. P. 3. l.
Sonates à deux Flutes, de M. Handouville, in-4°. 1. l. 4. f.
Les deux Liv. de Pieces & de Sonates à 2. Violes, d'HEUDELINE. 8. l.
On trouve aussi les autres Livres de Musique, soit d'Eglise, soit de Chambre, de tous les Auteurs; Il y en a des Catalogues par Matieres.

L'IMPRIMERIE DU MONTPARNASSE, qui a le Privilege exclusif pour la Musique, fournit encore tous les Livres de Plain-Chant, & des Impressions ordinaires, comme toutes les autres Imprimeries.

TARSIS
ET
ZELIE,
TRAGEDIE.

TARSIS

TARSIS ET ZELIE,
TRAGEDIE.

ACTE PREMIER.

Le Theâtre represente un lieu, orné pour une Fête publique.

SCENE PREMIERE.
ZELIE.

Mour, que de plaisirs tu répands dans mon ame!
Que ton empire a pour moy de douceur!
J'aime Tarsis, je regne dans son cœur,
Rien ne peut éteindre sa flamme:
Elle resiste à ma feinte rigueur.
Amour, que de plaisirs tu répands dans mon ame!
Que ton empire a pour moy de douceur!

C

Quelle crainte fatale
Vient troubler ma felicité ?
Peut-être, helas ! mon heureuse Rivale
Rit en secret de ma tranquilité :
Je sçais que pour Tarsis, Arelise est sensible,
Tout parle en sa faveur, son amour, ma fierté ;
Elle veut l'engager, je parois inflexible :
Justes Dieux !... Je le vois ; perçons la verité.

SCENE II.
TARSIS, ZELIE.

TARSIS.

ALpide, de Tempé réünit le suffrage,
Vous l'allez voir couronner en ces lieux :
Déja son nom, porté jusques aux cieux,
De ses nouveaux sujets est le premier hommage.

ZELIE.

Qu'attend Tempé d'un farouche courage ?
On doit redouter un tel choix :
Sa valeur a vengé l'outrage,
Que les Arcadiens nous firent autrefois,
Ce sont-là ses uniques droits :
Vous eûtes, comme luy, part à cet avantage ;
Vous descendez des Dieux qu'adore ce rivage ;
Pourquoy dédaignez-vous de nous donner des loix ?

TRAGEDIE.

TARSIS.

A d'autres soins l'amour m'engage.
Le trône pour Alpide, est le suprême bien ;
L'ambition fût toûjours son partage,
Et le tendre amour est le mien.

Oüy, pour vous seule je soupire,
Les douceurs que l'Amour promet sous son empire,
Sont les seuls biens qui séduisent mon cœur.

ZELIE.

Vous pourrez les trouver dans l'aimable Arelise.

TARSIS.

Tout vous répond de ma fidelle ardeur.

ZELIE.

Vous céderez au feu dont son ame est éprise.

TARSIS.

La mienne, à vos attraits, pour jamais, est soumise.

ZELIE.

Son rang & sa beauté parlent en sa faveur.

C ij

TARSIS ET ZELIE,

TARSIS.

Ah! ce soupçon me desespere,
Il condamne les soins que j'ay pris pour vous plaire.

Qui moy! je pourrois vous trahir?
Je pourrois me trahir moy-même?
Douter de mon amour extrême,
C'est me condamner à perir.

ZELIE, à part.

O Ciel!

TARSIS.

Mon desespoir sçaura vous satisfaire.

ZELIE.

Vivez, sur mes soupçons vôtre douleur m'éclaire,
Sans sçavoir que j'aimois, mon cœur étoit jaloux,
Il céde à des transports plus doux.

TARSIS.

Qu'entends-je? ô Ciel! quel aveu plein de charmes!

ZELIE.

Ay-je pû soûtenir de si tendres allarmes?

TARSIS.

Eh! puis-je concevoir l'excès de mon bonheur!

ZELIE.

Le même sentiment regne au fond de mon cœur.

TRAGEDIE.
TARSIS ET ZELIE.

L'Amour a remply mon attente;

Non, je ne demande plus rien,
Une flamme vive & constante
Est pour moy le suprême bien.

L'Amour a remply mon attente.

SCENE III.

ALPIDE, ARELISE, TARSIS, ZELIE,
Chœur de THESSALIENS.

ZELIE.
Alpide vient, cachons nos transports à ses yeux.

CHOEUR.
JOüissez du pouvoir suprême ;
Alpide, regnez en ces lieux,
Rendez-nous fortunez, vous le serez vous-même.

ALPIDE, au Peuple.
J'approuve vos transports, je me rends à vos vœux:
Reconnoissez mes loix, & commencez vos jeux.

CHOEUR.
Ce Heros, à son char, enchaîne la Victoire ;
Non, rien ne peut troubler nôtre felicité :
Au sein de la tranquilité,
Qu'il joüisse à jamais de sa brillante gloire.

UNE THESSALIENNE.
Vole de victoire en victoire,
Triomphe Amour, rends-nous heureux ;
Un cœur, dont tu remplis les vœux,
Devient le temple de ta gloire.

TRAGEDIE.

Il n'est point, sans toy, de plaisirs ;
Sans toy, la vie est languissante :
Réponds, réponds à nôtre attente,
Nous t'apellons par nos desirs.

Vole de victoire en victoire,
Triomphe Amour, rends-nous heureux ;
Un cœur, dont tu remplis les vœux,
Devient le temple de ta gloire.

ALPIDE, à ARELISE.

Vous qui, sur cet empire, aviez de justes droits,
Princesse, qui voyez ma grandeur sans envie,
Que ne puis-je payer tout ce que je vous dois !
Mais, sur le trône où je me vois,
L'Amour, le tendre Amour veut élever Zelie ;
Que tout applaudisse à mon choix.

Le Theâtre s'obscurcit, on entend un bruit terrible,
la foudre tombe sur le Trône preparé.
ZELIE, TARSIS, ARELISE sortent.

CHOEUR.

Ah ! quelle affreuse obscurité !
Quel bruit ! quel éclat de tonnerre !
Grands Dieux ! avons-nous merité
Que vous nous declariez la guerre ?
Le bruit cesse ; le jour revient.

ALPIDE, au Peuple.

Pourquoy vous étonner de ces prodiges vains ?
Non, ce n'est pas toûjours, pour punir les Humains,
Que, des Dieux immortels, la puissance suprême
Excite dans les airs ces mouvements soudains ;
La nature produit ces effets d'elle-même.

Cessez Thessaliens, cessez de vous troubler.

CHOEUR.
Le seul couroux du Ciel, peut nous faire trembler.

ALPIDE.

Penée est le Dieu tutelaire
De cet empire glorieux :
Si vous avez pû luy déplaire,
Que de superbes jeux, qu'un hommage sincere,
Désarment le couroux qui menace ces lieux.

FIN DU PREMIER ACTE.

ACTE II.

ACTE SECOND.

Le Theâtre repréſente les bords délicieux du Fleuve PENE'E.

SCENE PREMIERE.

ARELISE.

Uſpends, flateur Eſpoir, mes mortelles allarmes,
Verſe dans mon ſein tous tes charmes.

Je brûle pour Tarſis de la plus vive ardeur;
Malgré-moy, malgré-luy, ce Heros la fit naître;
Je l'ay toûjours cachée aux yeux de mon vainqueur:
  N'oſera-t-elle enfin paraître,
Si Zelie infidelle engage ailleurs ſon cœur?

Suſpends, flateur Eſpoir, mes mortelles allarmes,
Verſe dans mon ſein tous tes charmes.

D

Quoy! Zelie infidelle! Ah! quelle est mon erreur!
D'un nœud remply d'appas quelle ame se dégage?
Vous mourez en naissant, Espoir trop séducteur:
Quand on aime Tarsis, peut-on être volage?

Je les vois ces Amants, ils viennent en ces lieux,
Se jurer mille fois une ardeur éternelle:
    Ils bravent ma douleur mortelle;
Ils ne sont occupez que du soin de leurs feux:
Fuyons, épargnons-nous ce spectacle odieux.

SCENE II.

ZELIE, TARSIS.

TARSIS.

EH quoy! dans ses projets Alpide persevere?
Il ose vous parler encor de son ardeur?
    Au faîte de la grandeur,
    Qu'il redoute ma colere.

Je l'ay vû, sans regret, monter à ce haut rang,
    Où je pouvois monter moy-même:
Qu'il jouïsse en repos de son pouvoir suprême;
    Mais, je sçauray verser son sang,
    S'il veut me ravir ce que j'aime.

TRAGEDIE.

ZELIE.

Calmez un transport trop fatal
Qui redouble encor mes allarmes ;
Mes rigueurs sont les seules armes
Qui doivent punir ce Rival.

Qu'ose-t-il esperer de l'ardeur qui le presse ?
A peine ay-je pû l'écoûter ;
Je n'ay pû me contraindre à flatter sa tendresse,
Même, quand son couroux étoit prêt d'éclater ;

Mais, de quel trouble encor vôtre ame est-elle atteinte ?

TARSIS.

Un veritable amant peut-il être sans crainte ?

Il craint de n'être pas aimé ;
D'une naissante ardeur, c'est la peine cruelle :
Quand l'ardeur devient mutuelle,
Il craint de perdre un bien, dont il est trop charmé.

ZELIE.

Rassurez-vous, ce jour doit essuyer nos larmes ;
Qu'au temple de Daphné, l'Hymen serre nos nœuds :
Allez presser l'instant heureux,
Qui doit terminer nos allarmes.

Allez, l'Amour bien-tost nous rejoindra tous deux.

TARSIS sort.

SCENE III.
ZELIE.

JE vais m'unir à ce que j'aime:
Espoir, vous remplissez mon cœur.
Le mépris que je fais d'un brillant diadême,
Ajoûte encor à mon bonheur.

Loin de nous, cruelles Allarmes,
Gardez-vous de troubler des moments desirez:
Par les soupirs & par les larmes,
L'Amour, le tendre Amour nous les a preparez.

Je vais m'unir, &c.

SCENE IV.
ALPIDE, ZELIE.
ALPIDE.

DEvrois-je vous chercher encore?
Vos rigueurs font le prix du feu qui me dévore;
Mais, si vous dédaignez l'hommage de mon cœur,
Daignez au moins partager ma grandeur;
Et que l'ambition, ou la reconnoissance,
Au défaut de l'amour, parlent en ma faveur.
Vous ne répondez rien, vous gardez le silence?

TRAGEDIE.

ZELIE.

L'éclat de ce rang glorieux,
Ne sçauroit éblouïr mes yeux.

Dans ce charmant azile,
Le repos fait tous mes plaisirs;
Un sort doux & tranquile
Est l'objet de tous mes desirs:
Le repos fait tous mes plaisirs
Dans ce charmant azile.

ALPIDE.

Déguise mieux, Cruelle, une secrete ardeur,
Je sçais trop quel rival s'oppose à mon bonheur.

ZELIE.

Si tu crois qu'il ait sçû me plaire,
Crois encor, que mon cœur ne changera jamais.

ALPIDE.

Tu ne crains point d'irriter ma colere.
De mon juste couroux redoute les effets;
Redoute mon pouvoir suprême.

ZELIE.

Crois-tu que ton pouvoir s'étende sur mon cœur?
Il ne dépend que de luy-même.

ALPIDE.

Non, non, ce cœur si fier reconnoît un vainqueur:
Tu méprises pour luy, mes feux & ma couronne;
A de justes soupçons mon ame s'abandonne:
Tarsis, l'heureux Tarsis s'oppose à mon bonheur.

ZELIE.

J'avouë, avec plaisir, une flamme si belle;
Je jure, avec transport, que j'y seray fidelle.

ALPIDE.

Eh bien: suy ces transports qui te semblent si doux:
Je n'écouteray plus que ceux de la vengeance.
Tremble pour mon rival, redoute un Roy jaloux.

ZELIE.

Moy, trembler! non, Tyran, je brave ta puissance;
Songe à calmer les Dieux, implore leur clemence.

ENSEMBLE.

Brise, à jamais
La chaîne qui t'engage,
N'écoute plus un amour qui m'outrage,
La haine va lancer ses plus funestes traits.

ZELIE sort.

TRAGEDIE.

SCENE V.

ALPIDE.

ARCAS dans le fonds du Theâtre.

ALPIDE.

Quel mépris! punissons un Rival trop aimé:
Cessons, cessons de nous contraindre,
Je suis Roy, qu'ay-je encor à craindre?
Penée envain, à ma perte animé,
Veut reduire mon trône en poudre:
Sous les débris de ce trône enflammé,
Du moins, en perissant, je puis braver la foudre.
Tarsis, je vais joüir de l'extrême douceur
De te livrer aux plus vives allarmes:
Ne crois pas que Zelie en larmes,
Puisse ralentir ma fureur;
Son amour te sera funeste:
Et c'est le mien que j'en atteste.
Elle t'aime... grands Dieux! ton destin est trop beau.
Ah! qu'elle monte au trône, ou descends au tombeau.
Mais, que dis-je? Ah! plûtôt employons l'artifice.
Qu'aux plus tristes regrets Tarsis abandonné,
Sous de nouveaux malheurs gemisse.....

à ARCAS.

Arcas, executez l'ordre que j'ay donné.

Symphonie.

TARSIS ET ZELIE,

Les Habitans de ce Rivage
Viennent rendre à Penée un éclatant hommage ;
Faut-il que, malgré-moy, je me joigne à leurs vœux!
Que le Dieu, satisfait de leurs frivoles jeux,
Assure le repos de ce Peuple timide,
J'attends le mien, du couroux qui me guide.

SCENE VI.

ALPIDE, les Habitans des Rives du PENE'E.

ALPIDE.

LE calme regne sur les flots,
Doux présage de la clemence
Du Dieu, dont nous venons reverer la puissance,
Faisons retentir les échos
Des chants qu'inspire l'esperance.

LE CHOEUR.

Le calme regne, &c.

UNE HABITANTE des Rives du PENE'E, alternativement avec le Chœur.

Que, dans ce séjour,
Nos transports paroissent
Conduits par l'Amour,
Que les jeux renaissent :

A ce Dieu charmant,
Demandons des chaînes ;
Dans ce doux moment
Oublions nos peines.

Que, dans, &c.

Viens

TRAGEDIE.

Viens lancer tes traits,
La paix rend ce bord tranquile,
Regne à jamais;
Viens, Dieu plein d'attraits,
Regne en cet azile.
Que, dans, &c.

L'HABITANTE, alternativement avec le Chœur.

Regne en nos jeux, tendre Amour;
Que les plaisirs suivent tes traces,
Viens embellir ce séjour,
Mene avec toy les Ris, les Graces :

A ton pouvoir séduisant & flateur,
Tout céde la victoire,
Et le moment de nôtre bonheur
Est celuy de ta gloire.

Les Flots se soulevent, PENE'E en sort.

PENE'E.

Peuple ingrat, Peuple témeraire,
Qui, sans me consulter, osez changer de loix,
Cessez des jeux qui ne peuvent me plaire :
Un nouvel attentat redouble ma colere,
Des Dieux, de la vertu, je dois venger les droits.

Si dans ce jour une victime,
Aux Autels de Daphné, ne s'immole pour vous,
J'inonderay ces lieux complices de ce crime :
Tremblez, son seul trépas peut calmer mon couroux.

Le Fleuve rentre.

SCENE VII.

ARELISE, ALPIDE, & les Chœurs.

ARELISE.

O Ciel! quelle funeste & barbare entreprise!
Tarsis.... Zelie.

ALPIDE.

Achevez Arelise.

ARELISE.

Zelie enlevée à mes yeux,
Par ses cris, implore les Dieux:
Ses cruels Ravisseurs l'éloignent du rivage,
Tarsis accourt, & son courage
Luy fait braver les flots & les vents furieux;
Mais, helas! l'Onde mugissante,
Engloutit à la fois & l'Amant & l'Amante.

ALPIDE, à part.

Dieux!

CHOEUR.

C'est le crime affreux, par Penée, annoncé:
Alpide, poursuis le coupable.
Qu'une vengeance redoutable
Appaise le Dieu courroucé.

FIN DU SECOND ACTE.

ACTE TROISIEME.

Le Theâtre repréſente une maſſe de Rochers, d'où l'on voit ſortir un Torrent qui, par plus d'une route, ſe précipite.

SCENE PREMIERE.
TARSIS.

Impetueux Torrent, dont l'Onde menaçante,
 Avec un bruit affreux, deſcend dans ce ſéjour:
Triſte Demeure, helas! mais encor trop charmante,
 Pour qui cherche à perdre le jour;
Ecoûtez les regrets d'un malheureux amour.

 J'ay perdu l'objet de ma flamme:
Eh! dans quel tems? grands Dieux! quand j'en étois aimé.
 Le deſeſpoir s'empare de mon ame,
Et par le ſeul trépas, il peut être calmé.

E ij

Impetueux Torrent, dont l'Onde menaçante,
Avec un bruit affreux, descend dans ce séjour:
Triste Demeure, helas! mais encor trop charmante,
    Pour qui cherche à perdre le jour;
Ecoûtez les regrets d'un malheureux amour.

SCENE II.

ARELISE, TARSIS.

ARELISE, appercevant TARSIS.

Que vois-je! ô Ciel! quelle main secourable.....

TARSIS.

Je suis un malheureux que le Destin accable.
La trahison d'Alpide a servy son couroux;
Heureux! si sur moy seul étoient tombez ses coups.

ARELISE.

Calmez cette douleur extrême.

TARSIS.

Eh! le puis-je? grands Dieux! je perds tout ce que j'aime.

TRAGEDIE.

Je l'ay vûë à mes yeux perir,
Dans les flots, j'ay voulu la suivre ;
Et ne pouvant la secourir,
J'ay fait de vains efforts pour ne luy pas survivre.
Une main invisible, une barbare main
S'est opposée à mon dessein,
Et malgré-moy, m'a conservé la vie,
Lorsqu'à Zelie elle est ravie.

ARELISE.

Penée, en conservant vos jours,
A protegé son sang....

TARSIS.

Son funeste secours
Me fait sentir l'excès de ma misere ;
Mais, de ces tristes jours, sauvez par sa colere,
Mon desespoir abregera le cours.

ARELISE.

Sur vôtre sort dans ce séjour tranquile,
Je venois, en tremblant, consulter la Sybille ;
Je ne crains plus pour vos jours precieux :
Sur vos propres malheurs, interrogez les Dieux.
Arthemis qu'Appollon inspire......

TARSIS.

Non, Arthemis ne peut soulager mon martire.

ARELISE.

Le passé, l'avenir, à ses yeux sont presens,
Dans un sort incertain, elle seule peut lire :
Les maux que vous sentez, moy-même je les sens.

Ne perdons jamais l'esperance ;
C'est le seul bien qui reste aux malheureux mortels ;

Sa douce & flateuse puissance
Calme les maux les plus cruels.

Ne perdons jamais l'esperance ;
C'est le seul bien qui reste aux malheureux mortels.

> Le Theâtre devient plus éclairé.

Mais, cette lumiere éclatante
M'annonce, qu'Arthemis répond à mon attente.

TRAGEDIE.

SCENE III.

ARTHEMIS, ou la SYBILLE DELPHIQUE sortant d'un Rocher qui se brise ;
ARELISE, TARSIS, Suite d'ARTHEMIS.

ARELISE.

PRêtresse d'Apollon, d'un Amant malheureux
Eclaircissez le doute affreux.

ARTHEMIS.

Astre brillant qui nous éclaire,
Dieu puissant qui mesure & les ans & les jours
Des Arrests du Destin sage Dépositaire,
Entends nos voix, suspends ton cours,
Prête-nous ton divin secours.

LE CHOEUR.

Astre brillant, &c.

ARTHEMIS.

Le fidelle Tarsis ignore
Si l'objet qu'il adore
Joüit encor de ta clarté :

Dissipe ses vives allarmes,
Ou condamne ses yeux à d'éternelles larmes,
Dévoile-luy la verité.

LE CHOEUR.

Entends nos voix, &c.

ARTHEMIS, alternativement avec le Chœur.

C'est envain qu'aux tendres cœurs
L'Amour promet mille douceurs,
Plaisirs trompeurs,
Vous faites verser trop de pleurs;
Un instant rend tout aimable,
Ce bonheur paroît durable;
Mais, le même instant détruit
Le mensonge qui séduit,
Et les regrets sont le seul fruit
D'un bien frivole qui s'enfuit.

ARTHEMIS, alternativement avec le Chœur.

Que tout chante à l'envy le Dieu de la lumiere,
Qu'il soit l'ame de vos concerts.

En parcourant sa brillante carriere
Il embellit tout l'univers.
Que tout chante à l'envy, &c.

Quand nôtre hommage sçait luy plaire,
Les livres du Destin, à nos yeux sont ouverts.
Que tout chante à l'envy, &c.

ARTHEMIS.
Qu'un saint respect interrompe vos jeux.
CHOEUR.
Ecoûte nos clameurs, viens, réponds à nos vœux.
          ARTHEMIS.

TRAGEDIE.
ARTHEMIS.

Quelle lumiere m'environne ?
Quel saisissement ! quel effroy
Tout à coup s'empare de moy ?
Tu m'entraînes, Fils de Latone.

Tu me transportes dans les airs ;
Je vois de près le séjour du tonnerre,
Je ne découvre plus la terre ;
Mes yeux sont éblouis par le feu des éclairs.

Dieu de Delos, par ta puissance,
J'entrevois le sort des Mortels ;
Le crime poursuit l'innocence :
L'innocence gemit jusqu'aux pieds des autels.

Ciel ! quel spectacle en Thessalie !
Les pleurs & l'allegresse y regnent tour à tour :

Victime du plus tendre amour,
Tarsis, cours au trépas, tu trouveras Zelie.

La Sybille & sa Suite se retirent.

E

TARSIS ET ZELIE,

SCENE IV.
TARSIS, ARELISE.

TARSIS.

Mes vœux ont prévenu l'ordre que je reçois :
Deſtin ! Amour ! j'obéis à vos loix.
Il veut ſe fraper.

ARELISE.
Arreſtez.

TARSIS.
Inhumaine !
Voulez-vous prolonger ma peine ?

ARELISE.
Par vos ſoupirs, nourriſſez vos douleurs :
Si l'aimable Zelie à vos feux eſt ravie,
Vous luy devez des regrets & des pleurs ;
Mais, devez-vous, Cruel, renoncer à la vie ?

TARSIS.
Vous avez entendu l'arreſt de mon trépas.

ARELISE.
Un Oracle, ſouvent ne ſe penetre pas.

TRAGEDIE.
TARSIS.

Je ne puis, qu'en mourant, m'unir à ce que j'aime;
Laissez-moy remplir mes destins,
C'est l'arrest de l'Amour, c'est l'arrest du Ciel même.

ARELISE.

Peut-être les Dieux plus humains,
Voudront finir vôtre martire:
A vos larmes je joins mes vœux;
N'en doutez point, Arelise desire
De revoir l'Objet de vos feux.

Sa vûë, helas! finiroit mes allarmes,
Je ne craindrois plus pour vos jours;
Ah! pour les conserver, s'il n'est que ce secours,
Puissent les Dieux l'accorder à mes larmes!

TARSIS.

Que me servent, helas! ces inutiles vœux!
Mon sort est-il moins rigoureux?

Et vous, genereuse Princesse,
Dont la pitié semble accuser les Dieux;
De l'affreux tourment qui me presse,
Respectez leurs decrets, & laissez-moy perir.

ARELISE.

Non, non, malgré les Dieux, je dois te secourir.

Tes malheurs sont les miens, & l'ardeur qui m'en-
flâme....
Que dis-je! à quel transport me laissay-je emporter!
Cachons du moins un feu que je n'ay pû dompter.
Vains projets!.. Tu fremis... & Tu lis dans mon ame;
Mais, ne t'allarme point, ne crains pas que ma flâme
Demande aucun retour à ton cœur affligé :
Par toy, sans le vouloir, le mien fut engagé,
Et tu brulois déja pour l'heureuse Zelie;
J'ay devoré mes pleurs, sans oser soupirer;
 Et je n'ose encor esperer,
 Quand Zelie a perdu la vie.

TARSIS, fuyant.

Laissez-moy me livrer à toute ma douleur :
 C'est l'unique bien qui me reste.

ARELISE.

Ah! je te sauveray, Cruel, de ta fureur;
Ou la mienne, à tes yeux, me deviendra funeste.

FIN DU TROISIE'ME ACTE.

ACTE QUATRIEME.

Le Théâtre représente la belle Vallée de Tempé:
On voit le Mont-Olympe, dans l'éloignement.

SCENE PREMIERE.

ARELISE.

Qu'ay-je appris ! quoy ! Tarsis periroit....
    justes Dieux!
Alpide répandroit un sang si precieux ?

Toûjours, helas ! par le sort poursuivie,
Mes yeux ne sont ouverts que pour verser des pleurs;
    Et toûjours, de nouveaux malheurs
    Marquent chaque instant de ma vie.

    Ah! si les Dieux laissent en paix
    Le cruel Tyran qui m'opprime,
    Il faut, pour me venger du crime,
    Que l'Enfer me prête des traits.

Haine, Dépit, funeste Rage,
Venez, venez, unissez-vous :
Punissez, frapez qui m'outrage ;
Qu'il tombe enfin, sous l'effort de vos coups.

SCENE II.

ALPIDE, ARELISE.

ALPIDE.

Non, rien ne peut calmer mes transports furieux,
Son trépas doit venger & Zelie & les Dieux.

ARELISE.

Son trépas ! c'est toy seul qui fais perir Zelie :
Toy seul, Cruel, as causé nos malheurs,
Ton injustice est la source des pleurs
Que répand en ce jour la triste Thessalie.

ALPIDE.

Qu'entends-je ! un tel discours s'adresse-t-il à moy ?
Respecte, ou crains du moins la suprême puissance.

ARELISE.

Dans Alpide tyran, je ne vois plus de Roy,
Et ne respecte plus, qui poursuit l'innocence.

TRAGEDIE.

Tu me contrains à te haïr,
Quand tu cesses de te connaître :
Ose-tu me parler en maître,
Toy, qui me devrois obeïr ?
Souviens-toy que cette couronne....

ALPIDE.

Le sort autrement en ordonne,
Tout reconnoît icy mes ordres souverains.

ARELISE.

Redoute au moins les Dieux ; la foudre est en leurs mains.

ALPIDE.

Que mon Rival perisse, & j'attendray l'orage.

ARELISE.

Quoy ! tu n'écoutes que ta rage ?

ENSEMBLE.

Lance tes traits dans mon cœur,
Viens Fureur ;
Punis qui m'offense,
Appelle à ton secours la terrible Vengeance.

A RELISE.

Et vous, Dieux tous puiſſans,
Faites tomber ces coups reſervez aux Tyrans;
Que des feux dévorans embrâſent ce perfide;
Qu'au défaut de la foudre, un tranſport furieux,
De luy-même en ce jour, le rende l'homicide,
Et venge, d'un ſeul coup, les Mortels & les Dieux.

ALPIDE.

Eh! que peut contre moy la fureur qui te guide?

ENSEMBLE.

Lance tes traits dans mon cœur,
Viens Fureur;
Punis qui m'offenſe,
Appelle à ton ſecours la terrible Vengeance.

SCENE III.

TRAGEDIE.

SCENE III.

ALPIDE.

D'Une vaine fureur, méprisons les effets :
Tout semble dans ce jour prévenir mes souhaits.

Tempé joüit déja d'un sort plus favorable,
Le sang d'une victime, offert sur les autels,
En appaisant les Immortels,
Va rendre, pour jamais, mon trône inébranlable.

Quel tendre souvenir vient troubler mon bonheur ?
Ah ! d'une esperance frivole,
Si l'Amour a flaté mon cœur,
Que l'Ambition m'en console.

Tout doit céder au soin de ma grandeur :
Oublions les attraits d'une beauté cruelle ;
Que de ma rage encor, elle éprouve les traits ;
Et même après sa mort, sur un amant fidelle,
Vengeons les maux qu'elle m'a faits.

G

Que la grandeur a d'attraits,
Quand elle sert la vengeance!
Qu'il est doux de punir l'offense!
Que la grandeur a d'attraits,
Quand elle sert la vengeance!

On entend une Symphonie.

Mais, déja les plus doux accords
Retentissent dans ces retraites;
Le son des hautbois, des musettes;
Des Bergers rassurez, annoncent les transports.

TRAGEDIE.

SCENE IV.
ALPIDE, BERGERS & BERGERES.

CHOEUR.

Chantons-tous dans ce boccage,
Le repos que nous rend la paix ;
Que les Oyseaux, dans leur ramage,
Imitent nos transports, & chantent ses bienfaits.

Après les perils de l'orage,
Le beau jour qui le suit n'en a que plus d'attraits.

Chantons-tous dans ce boccage,
Le repos que nous rend la paix ;
Que les Oyseaux, dans leur ramage,
Imitent nos transports, & chantent ses bienfaits.

L'Amour est caché sous ce feüillage,
Il lance, dans nos cœurs, ses plus aimables traits ;
Nous ne craignons point son esclavage,
Il n'est jamais suivy de trouble & de regrets.

Chantons-tous dans ce boccage,
Le repos que nous rend la paix ;
Que les Oyseaux, dans leur ramage,
Imitent nos transports, & chantent ses bienfaits.

TARSIS ET ZELIE,

UNE BERGERE.

L'Amour, dans nos retraites,
N'a point de traits plus puissans,
Que nos Jeux innocens
Et que nos Chansonnettes:

Pour nous soûmettre à ses loix,
Il fait naître en nous l'esperance ;
Il ne vient jamais dans nos bois,
Que suivy de la constance.

L'Amour, dans nos retraites,
N'a point de traits plus puissans,
Que nos Jeux innocens
Et que nos Chansonnettes.

ALPIDE, aux BERGERS.

Il est tems qu'au Temple on se rende,
Connoissons le Mortel qui s'y doit immoler;
Joignons une nouvelle offrande
Au sang qui va couler.

FIN DU QUATRIEME ACTE.

ACTE CINQUIE'ME.

Le Theâtre repréſente le Temple de DAPHNE': Il eſt ouvert par le fonds : On voit les eaux du Fleuve Penée ; & vers le milieu du Temple, un Autel ſur lequel eſt poſé le Couteau ſacré.

SCENE PREMIERE.

ZELIE, en habit de Preſtreſſe.

Pour la derniere fois, éclatez mes Soupirs ;
    Il faudra bientôt vous contraindre :

    Tranquilité que je vais feindre,
Cachez à tous les yeux, mes mortels déplaiſirs :
Pour la derniere fois, éclatez mes Soupirs ;
    Il faudra bientôt vous contraindre.

    Dieux, pour ſoulager mon tourment,
Armez-vous de la foudre, écraſez un Coupable ;
    Et ſur le Tyran qui m'accable,
    Vengez la mort de mon amant.

La mort de mon amant!... Eh! quelle est la victime,
Qu'à mon Heros on pourroit immoler?
Les Dieux peuvent punir le crime;
Mais, rien ne peut me consoler.

SCENE II.
ZELIE, CLEONE DAPHNIDE.
CLEONE.

Vous devez, en ce jour, offrir le sacrifice,
Le sort vient de tomber sur vous;
Vous allez de Penée, appaiser le couroux,
C'est par vous que le Ciel nous deviendra propice.

ZELIE.

Quoy! faut-il que ma main sur ce terrible Autel,
Répande le sang d'un Mortel?

CLEONE.

Les Dieux veulent sa mort, & Tempé vous en presse.

ZELIE, à part.

Mortel, qui que tu sois, qui braves le trépas,
Je ressens des tourmens que tu ne connois pas.

TRAGEDIE.
CLEONE.
Vous soupirez? quelle sombre tristesse?...
ZELIE.
Ah! pour justifier mes soupirs & mes pleurs,
Cleone, apprenez mes malheurs:
Un triste souvenir les rappelle sans cesse.

Tarsis m'aimoit, l'Hymen alloit nous rendre heureux:
Un Roy cruel trouble nos feux;
Arcas, de ce Tyran, ministre trop fidelle;
En m'enlevant, fait éclater son zele:
J'implore vainement & Tarsis & les Dieux;
Mes pleurs n'arrêtent point sa fureur criminelle.
Que dis-je! en ce moment, il présente à mes yeux
Un fer, fumant encor d'un sang trop precieux.
CLEONE.
O trop funeste sort!
ZELIE.
     Pour finir mes allarmes,
La mort faisoit l'objet de tous mes vœux;
Je n'osois l'esperer, quand les vents furieux,
De ce flateur espoir, font renaître les charmes,
Tout perit, & l'instant, qui va finir mes jours,
  Est l'unique instant que j'implore;
Mais, les Dieux ennemis, par un fatal secours,
A de nouveaux malheurs me reservoient encore:
      ALPIDE *paroît.*
Quoy! je revois le Tyran que j'abhorre.

SCENE III.
ALPIDE, ZELIE, CLEONE.

ALPIDE.

Ciel! quel objet frappe mes yeux!
Zelie est Prestresse en ces lieux?

ZELIE, à ALPIDE.

J'y puis au moins braver ton injustice;
De ce Temple sacré, ne trouble point la paix.

ALPIDE.

Ne me reprochez rien, souffrez que je joüisse
Du plaisir, de revoir de si charmants attraits.

ZELIE.

Jusqu'aux pieds des Autels, porte-tu tes forfaits?

ALPIDE.

Si c'est aux Dieux faire une offense,
Que de brûler pour vous,
Ils peuvent hâter leur vengeance:
Sans fremir, j'attendray leurs coups.

ZELIE.

TRAGEDIE.

SCENE III.

ALPIDE, ZELIE, les DAPHNIDES, & les Peuples.

CHOEUR.

Chantons-tous le Heros magnanime,
Qui va faire regner le calme en ces climats:
Dieu puissant, reçois la victime;
Que nôtre encens & son trépas,
Effacent nôtre crime:

Que nos craintes,
Que nos plaintes,
Puissent calmer ton couroux:
Entends-nous,
Reçois nos vœux,
Rends-nous heureux.

Deux Prêtres amenent la Victime.

ZELIE, prenant le Couteau sacré.

Soûtenez ma main tremblante;
Dieux, affermissez mon cœur,
Conduisez ce fer vengeur
Qui doit remplir vôtre attente.

TARSIS ET ZELIE,

Frapons... Que vois-je! ô Ciel! vous Tarsis!

TARSIS, à ZELIE.

Vous vivez?

ZELIE.

Dieux, reprenez les jours que vous m'avez sauvez.
Vos bienfaits sont-ils donc l'effet de vôtre haine?
Dans ces terribles lieux, quelle fureur t'amene?

TARSIS.

L'Amour seul m'y conduit.

ZELIE.

Quoy! l'Amour? Dieux cruels!
Eh! c'est ce même Amour qui m'attache aux Autels.

Les Eaux se soulevent, le Tonnerre gronde.

ALPIDE, à ZELIE.

Tu t'attendris envain, frappe, le Ciel te presse.

CHOEUR.

Les flots, en mugissant, s'élevent jusqu'aux cieux,
Et ces terribles flots vont inonder ces lieux.

TRAGEDIE.

ALPIDE.

Le Dieu paroît: préviens la foudre vengeresse,
Sur toy-même, le Dieu va punir ta foiblesse.

ZELIE.

Eh! son couroux peut-il m'inspirer de l'effroy?
Qu'il épargne Tarsis, qu'il n'accable que moy.

SCENE DERNIERE.

PENE'E *sortant de ses Ondes, & les Acteurs de la Scene précédente.*

PENE'E.

Je refuse à la fois le Prêtre & la Victime :
  Le Criminel doit expier de crimes.
Il me voit, il m'entend ; la foudre va partir ;
Il ne peut conjurer l'éclat de la tempête ;
  Qu'il tremble en ce moment.

ALPIDE.

Arreste.

N'espere pas qu'un repentir
Tâche d'appaiser ta colere.
Tu t'aprêtes à m'immoler :
Cruel, tu veux mon sang, il faut te satisfaire ;
Mais, c'est moy qui le fais couler.

Il se frape & tombe.

CHOEUR.

Ah ! quel transport ! ah ! quelle rage !

PENE'E.

Sa mort, d'un Tyran vous dégage.

Recevez, de ma main, Tarsis pour vôtre Roy :
Que des nœuds éternels l'unissent à Zelie.

Célébrez ce grand jour, Vous qui suivez ma loy ;
Il assure à jamais, la paix en Thessalie.

PENE'E rentre dans les flots.

TRAGEDIE.

Les Suivants du Fleuve PENE'E, forment une Fête qui termine cette Piece.

UNE PERSONNE DE LA FESTE.

L'Amour peut seul combler vôtre bonheur;
Par des chemins cachez, souvent il le prépare:
Livrez-vous à ses traits, & bravez sa rigueur;
S'il fait des maux, il les répare.

CHOEUR.

Ne perdons jamais la memoire
Du triomphe de ce grand jour:
Il consacre à jamais, la gloire
Et la puissance de l'Amour.

FIN DE LA TRAGEDIE.

APPROBATION.

J'AY lû, par ordre de Monseigneur le Garde des Sceaux, un Manuscrit intitulé, *Tarsis & Zelie*, *Tragedie*, dans laquelle je n'ay rien trouvé qui puisse en empescher l'Impression. Fait à Paris le septiéme Septembre mil sept cent vingt-huit. Signé GALLYOT.

PRIVILEGE DU ROY.

LOUIS par la grace de Dieu, Roy de France & de Navarre: A nos amez & feaux Conseillers, les Gens tenant nos Cours de Parlement, Maîtres des Requêtes ordinaires de nôtre Hôtel, Grand Conseil, Prevôt de Paris, Baillifs, Sénéchaux, leurs Lieutenans-Civils, & autres nos Justiciers qu'il appartiendra, Salut. Les Sieurs Besnier, Avocat en Parlement, Chomat; Duchesne, & de la Val-de S. Pont, Bourgeois de nôtre bonne Ville de Paris; Nous ont fait remontrer, qu'en consequence de l'Arrest de nôtre Conseil du 12. Decembre 1712. du Traité fait entr'eux & les Sieurs de Francine & Dumont, le 24. desdits Mois & An, & de nos Lettres Patentes du 8. Janvier ensuivant, confirmatives dudit Traité; Ils auroient acquis le Privilege, de faire representer les Opera durant le temps de vingt années, à compter du 20. Aoust 1712. ainsi que le Privilege de la vente des Paroles desdits Opera, lesquelles ils desireroient faire imprimer pour les donner au Public, s'il Nous plaisoit leur accorder nos Lettres de Privilege sur ce necessaires: A CES CAUSES; desirant favorablement traiter les Exposants, attendu les charges dont l'Academie Royale de Musique se trouve oberée, & les grandes dépenses qu'il convient de faire, tant pour l'Impression que pour la Gravûre en Taille-douce des Planches dont ce Livre sera orné; Nous leur avons permis & permettons par ces Presentes, de faire imprimer & graver les Paroles & la Musique de tous lesdits Opera, qui ont été ou qui seront representez par l'Academie Royale de Musique, tant separement que conjointement, en telle forme, marge, caractere, nombre de Volumes & de fois que bon leur semblera, & de les vendre & debiter par tout nôtre Royaume pendant le temps de dix-neuf années consecutives, à compter du jour de la datte desdites Presentes. Faisons défenses à toutes personnes, de quelque qualité & condition qu'elles puissent être, d'en introduire d'impression étrangere, dans aucun lieu de nôtre obeïssance: Et à tous Imprimeurs, Libraires, Graveurs, & autres, d'imprimer, faire imprimer, vendre, faire vendre, débiter ny contrefaire lesdites Impressions, Planches & Figures, en tout ny en partie, sans la permission expresse & par écrit desdits Sieurs Exposans, ou de ceux qui auront droit d'eux, à peine de confiscation des Exemplaires contrefaits, de six mille livres d'amende contre chacun des Contrevenants, dont un tiers à Nous, un tiers à l'Hôtel-Dieu de Paris, l'autre tiers ausdits Sieurs Exposans, & de tous dépens, dommages & interests, à la charge que ces Presentes seront enregistrées tout au long sur le Registre de la Communauté des Imprimeurs & Libraires de Paris, & ce dans trois Mois de la datte d'icelles; que la gravûre & impression desdits Opera sera faite dans nôtre Royaume & non ailleurs, en bon papier & en beaux caracteres, conformément aux Reglemens de la Librairie, & qu'avant de les exposer en vente, il en sera mis deux Exemplaires dans nôtre Bibliotheque publique, un dans celle de nôtre Château du Louvre, un autre dans celle de nôtre tres-cher & feal Chevalier Chancelier de France, le Sieur Phelypeaux, Comte de Pontchartrain, Commandeur de nos Ordres; Le tout à peine de nullité des Presentes; Du contenu desquelles vous mandons & enjoignons de faire joüir lesdits Sieurs Exposans, ou leurs Ayants-cause, pleinement & paisiblement, sans souffrir qu'il leur soit fait aucun trouble ou empeschement. Voulons que la Copie desdites Presentes, qui sera imprimée au commencement ou à la fin desdits Opera, soit tenüe pour dûement signifiée; & qu'aux Copies collationnées par l'un de nos amez & feaux Conseillers & Secretaires, foy soit ajoûtée comme à l'Original. Commandons au premier nôtre Huissier ou Sergent, de faire pour l'execution d'icelles tous Actes requis & necessaires, sans demander autre permission, & nonobstant Clameur de Haro, Charte Normande & Lettres à ce contraires, CAR tel est nôtre plaisir. DONNÉ à Versailles le vingtiéme jour d'Aoust l'An de Grace mil sept cent treize; & de nôtre Regne le soixante-onziéme. Par le Roy en son Conseil. Signé BESNIER, avec paraphe, & scellé.

Registré sur le Registre N°. III de la Communauté des Libraires & Imprimeurs de Paris, Page 648 N°. 741. conformément aux Reglemens, & notamment à l'Arrest du 30. Aoust 1703. Fait à Paris ce 12. Septembre 1713. Signé, L. JOSSE, Syndic.

Par Traité passé, DE L'ORDRE DU ROY, pardevant Notaires, le 22. Novembre 1727. entre l'Academie Royale de Musique, & le Sr. BALLARD, Seul Imprimeur du Roy, &c. Il est Cessionnaire de ladite Academie, pour ce qui regarde les Livres mentionnez au Privilege cy-dessus.

www.ingramcontent.com/pod-product-compliance
Lightning Source LLC
LaVergne TN
LVHW022124080426
835511LV00007B/1018